Jan Brennenstuhl

Web 2.0 und politische Partizipation

GRIN - Verlag für akademische Texte

Der GRIN Verlag mit Sitz in München hat sich seit der Gründung im Jahr 1998 auf die
Veröffentlichung akademischer Texte spezialisiert.

Die Verlagswebseite www.grin.com ist für Studenten, Hochschullehrer und andere Akade-
miker die ideale Plattform, ihre Fachtexte, Studienarbeiten, Abschlussarbeiten oder Disser-
tationen einem breiten Publikum zu präsentieren.

Jan Brennenstuhl

Web 2.0 und politische Partizipation

GRIN Verlag

Bibliografische Information der Deutschen Nationalbibliothek: Die Deutsche Bibliothek
verzeichnet diese Publikation in der Deutschen Nationalbibliografie; detaillierte bibliografische Daten sind im Internet über http://dnb.d-nb.de/ abrufbar.

1. Auflage 2011
Copyright © 2011 GRIN Verlag GmbH
http://www.grin.com
Druck und Bindung: Books on Demand GmbH, Norderstedt Germany
ISBN 978-3-656-12154-1

UNIVERSITÄT POTSDAM

Seminar-Arbeit
in der Veranstaltung
Leitbilder und Werte für die Informationsgesellschaft

Web 2.0 und politische Partizipation

Jan Brennenstuhl

„Der Rundfunk ist aus einem Distributionsapparat in einen Kommunikationsapparat zu verwandeln. Der Rundfunk wäre der denkbar großartigste Kommunikationsapparat des öffentlichen Lebens, ein ungeheures Kanalsystem, das heißt, er wäre es, wenn er es verstünde, nicht nur auszusenden, sondern auch zu empfangen, also den Zuhörer nicht nur hören, sondern auch sprechen zu machen und ihn nicht zu isolieren, sondern ihn auch in Beziehung zu setzen."

Eugen Berthold Friedrich Brecht (1898-1956)

„If an essential part of Web 2.0 is harnessing collective intelligence, turning the web into a kind of global brain, the blogosphere is the equivalent of constant mental chatter in the forebrain, the voice we hear in all of our heads."

Tim O'Reilly, Softwareentwickler und Gründer des O'Reilly Verlages (*1954)

Abstract

Das Internet als Kommunikationsmedium der Zukunft bietet umfangreiche Möglichkeiten, Menschen in direkter Art und Weise zu erreichen, zu mobilisieren und zu beeinflussen aber auch neue Chancen wie die kollektive Intelligenz des World-Wide-Web zu nutzen. Ziel dieser Arbeit ist es deshalb, anhand von Blogs, Wikis, Social-Communities und Crowdsourcing festzustellen, ob das „Mitmach-Web" ein Leitbild für die moderne Informationsgesellschaft darstellt und inwiefern Prinzipien des *Web 2.0* zu einem Mehr an politischer Partizipation führen können. Dabei wird im Folgenden auch auf die Ziele des E-Government Bezug genommen und es werden mögliche Ansätze zur Nutzung von Anwendungen des neuen Webs zur effektiven Einbindung der Bürgerinnen und Bürger in den politischen Alltag erläutert. Erwartet wird, dass sich das durchdachte Übertragen von Erfahrungen und Erkenntnissen im Umgang mit dem *Web 2.0* auf die Politik positiv auf die politische Teilhabe der Bevölkerung auswirken wird und somit der gesamten Demokratie zu Gute kommt.

Inhaltsverzeichnis

1 Einleitung

Das Internet ist das Kommunikationsmedium der Zukunft. Die umfangreichen Möglichkeiten, Menschen in direkter Art und Weise zu erreichen, zu mobilisieren und zu beeinflussen wurden in den letzten Jahrzehnten immer weiter verfeinert und kristallisierten sich in den vergangenen Jahren in einer Vielzahl unterschiedlichster Plattformen, auf den Bürgerinnen und Bürger à la couleur diskutieren, bewerten, empfehlen, dokumentieren und vieles mehr.

Diese vernetzte Umtriebigkeit, bei welcher ein direkter Austausch nicht nur mit Freunden und Bekannten, sondern auch mit völlig unbekannten Personen oft komplett transparent und kollaborativ stattfindet, versuchen seit einiger Zeit auch Parteien egal welchen Lagers, NGOs und andere politischen Gruppen für sich, aber auch für einen generellen politischen Aufschwung zu nutzen. Denn die oft beschworene Politikverdrossenheit, die sich nicht nur in der geringen Wahlbeteiligung, sondern auch in der zunehmenden Kluft zwischen Regierenden und Regierten, die Entfremdung zwischen politischer Klasse und Wahlvolk äußert, ist zur gesamtgesellschaftlichen Bedrohung geworden, da sie das politische Miteinander einschränkt und die Bildung stabiler Regierungen erschwert (vgl. Frankenberger 2010).

Aus diesem Grund soll nachfolgend geklärt werden, wie Partizipation entsteht, wie sie gefördert werden kann und inwiefern das sogenannte *Web 2.0* als moderne Technologie inklusive der Social-Community-Mechanismen zu einem Mehr an Partizipation beitragen kann. Des Weiteren soll geklärt werden, ob die Übertragung der *Mit-mach-Web*-Charakteristiken auf das politische Leben ein zielführendes Leitbild für die moderne Informations- und Kommunikationsgesellschaft darstellt, also den alltäglichen Umgang der Bürgerinnen und Bürger mit Politik fördert oder ihn zumindest vereinfacht. Zuvor bilden grundlegende Erläuterungen zur Partizipation im Allgemeinen und zu den Technologien und Mechanismen des *Web 2.0*, sowie grundlegende E-Government-Überlegungen die Basis für die weitere Betrachtung. Ein begründeter Ausblick auf die mögliche Entwicklung der durch Umgangsweisen des *Web 2.0* geprägten politischen Teilhabe in naher Zukunft runden die Ausführung ab.

2 Partizipation

2.1 Definition

Partizipation, sowohl gesellschaftliche als auch politische, gilt als eine fundamentale Grundfeste demokratischer Herrschaft. Der Begriff, der zusammengefasst die aktive Teilhabe und Mitwirkung von Bürgerinnen und Bürgern am politischen Geschehen und Entscheidungsprozess sowie an der Willensbildung bezeichnet, hat eine lange Tradition in den Politik- und Verwaltungswissenschaften vorzuweisen (Schubert u. Klein 2006, Partizipation). Dennoch oder gerade deshalb unterliegen sowohl Definition als auch Ausprägung von Partizipation einem ständigen Wandel, weshalb die Bedeutung als politische Inklusionsformel keinesfalls unumstritten ist, da sie auf theoretischen Vorannahmen beruht, die unter Anderem die Charakterisierung der Partizipierenden betreffen (vgl. Gusy u. Haupt 2005, S. 20ff.).

Aus diesem Grund lassen sich verschiedene Sichtweisen richtiger Partizipation und daraus folgend verschiedene Wege diese umzusetzen benennen, die sich grob in der Positionierung des Einzelnen zu einem Ganzen unterscheiden. Während bei traditionellen Sichtweisen das Individuum Teil eines vorausgesetzten Ganzen wird, indem es vorgebene Rollen und Normen erfüllt, verschiebt sich der Blickwinkel in liberalen Sichtweisen hin zu einer autonomen Stellung der Einzelnen, die zusammen ein großes Ganzes bilden. Dialektische Sichtweisen verweisen hingegen auf die Untrennbarkeit von Ganzem und Einzelnem, die in direktem Austausch miteinander stehen. Aufgrund dieser Unterschiede kann Partizipation in den verschiedenen Sichtweisen auf verschiedene Art und Weise, durch Unterordnung, durch Mitbestimmung oder durch Mitgestaltung, erreicht werden (vgl. Buchecker 2003, S.2f). Diese unterscheiden sich grundlegend in der Frage, inwiefern das Ganze als absolut angesehen wird.

Um Definitionsstreitigkeiten zu umgehen, eine allgemein hin verständliche Bedeutung von Partizipation zu wählen und auf diese Weise eine geeignete Charakterisierung für nachfolgende Betrachtungen zu definieren, kann der hinter Partizipation stehende Gedanke im Folgenden auf die konventionellen Formen der politischen Teilhabe in modernen Demokratien wie denen Europas und Nord-Amerikas, wie Wahlen, Parteizugehörigkeit, die Übernahme politischer Ämter, Bürgeranhörungen und -entscheide, sowie auf die unkonventionellen Formen, wie Mitwirkung in Vereinen, Demonstrationen, Streiks etc. reduziert werden (vgl. von Lucke 2011, S.280).

Auf dieser Grundlage ist die Möglichkeit, die Stärke der Ausprägung politischer Teilhabe zur Bewertung der Güte einer Demokratie heranzuziehen, klar nachvollziehbar – sind freie Wahlen, Demonstrationen oder die Möglichkeit politische Ämter zu übernehmen für Bürgerinnen und Bürger in einem System nicht möglich, kann es sich, wenn überhaupt, nur um eine, im Vergleich zu anderen Demokratien, sehr schlechte Demokratie handeln. Andersherum sollten sich starke Demokratien durch ein hohes Maß an Partizipation auszeichnen, da durch das Integrieren der demokratischen Basis, also dem Volk, gesellschaftliche und politische Probleme besser erkannt, zielführendere Maßnahmen zur Beseitigung dieser ergriffen und somit im Endeffekt bessere Lösungen erarbeitet werden können. Ein stärkeres Vertrauen in staatliche Institutionen und somit eine direkte Förderung der Demokratie wären die Folge. Zudem kann so der sich selbst verstärkende Prozess der aktiven Mitgestaltung initiiert werden – das Gefühl, aktiv mitgestalten zu können motiviert, sich weiter zu engagieren (vgl. von Lucke 2011, S.280ff).

Aus dieser Betrachtung leiten sich Voraussetzungen, die für eine ausgeprägte Partizipation zwingend notwendig sind, direkt ab. So ist auf der einen Seite nicht nur ein politischer und gesellschaftlicher Rahmen, der Partizipation im Allgemeinen zulässt, dringend erforderlich, sondern dieser muss auf der anderen Seite auch Mittel, Wege und Mechanismen direkt und indirekt bereitstellen, die eine Teilhabe und ein Mitwiken an der Meinungsbildung, an Entscheidungsprozessen und -abläufen einfach und zugänglich ermöglichen. Zwei Prinzipien, die damit in direktem Zusammenhang stehen sind Transparenz und Kollaboration, da beispielsweise eine aktive Mitwirkung an Prozessen nur möglich wird, wenn diese offen gelegt sind und gemeinschaftlich bearbeitet werden können.

2.2 Transparenz

Eine Eigenschaft, die eine der Grundvoraussetzungen für erfolgreiche Partizipation darstellt, ist Transparenz. Im Gegensatz zu (diktatorischen) Systemen, in denen Partizipation unerwünscht ist, gilt Transparenz in den Demokratien Europas beispielsweise als elementarer Bestandteil des politischen Systems und des öffentlichen Verwaltungsapparates, da erst sie es ermöglicht, Entscheidungen und Vorgänge innerhalb eines Prozesses, zum Beispiel in der Politik, für Außenstehende einsehbar und somit nachvollziehbar zu gestalten, somit Machtmissbrauch und Korruption vorzubeugen und freie Willensbildung zu ermöglichen. Freie Presse, öffentliche parlamentarische Debatten sowie das Prinzip der Öffentlichkeit sind neben Rechts- und Informationsfreiheit nur einige Beispiele für Transparenz in modernen Demokratien (vgl. von Lucke 2011, S.279f). Sie fördert neben Legislative, Exekutive und Judikative die Bildung einer vierten, überprüfenden Gewalt, die als eine Art außerparlamentarische Opposition indirekt auf das politische Tagesgeschäft Einfluss nehmen kann.

Partizipation und Transparenz unterliegen dabei einer ständigen Wechselwirkung. Auf der einen Seite ist Transparenz Wegweiser für ein höheres Maß an Partizipation, auf der anderen Seite können Bürgerinnen und Bürger durch eine gesteigerte Aktivität und Einflussnahme auch eine gesteigerte Transparenz erzeugen. Bauliche Großprojekte wie *Stuttgart 21*, der Bau des Großflughafens Berlin-Brandenburg-International oder die Alternativnutzung des Flughafens Tempelhof in Berlin können an dieser Stelle beispielhaft für diese sich selbst verstärkende Transparenz-Partizipation-Verknüpfung genannt werden.

2.3 Kollaboration

Die oft auch als „kollektive Intelligenz"[1] oder „Schwarmintelligenz" bezeichnete kollaborative Zusammenarbeit verschiedener Partner meint im Zusammenhang mit Partizipation eine „abgestimmte, gemeinschaftliche, bestmögliche Bearbeitung oder Erledigung von Aufgaben" (von Lucke 2011, S.281), die es Einzelnen ermöglicht, ihr individuelles Wissen in Prozesse mit einzubringen und somit an einem Gesamtvorhaben zusammenzuarbeiten. Zwingende Voraussetzungen sind auch hier transparente Vorgänge, aber auch ein ausgeprägtes Maß an Teamfähigkeit und ein demokratisches, egalitäres Grundverständnis.

Durch intensive Zusammenarbeit verschiedener Akteure können, trotz des höheren Maßes an Komplexität der durch die notwendige, zusätzliche Organisation und den gewollten, umfangreichen Diskussionsprozess entsteht, in der Praxis besonders umfangreiche Aufgaben besser abgeschlossen werden (von Lucke 2011, S.282). Durch den psychologischen Effekt der Motivation durch Mitgestaltung kann Kollaboration auf diese Weise nicht nur die Akzeptanz einer gemeinsam ausgearbeiteten Lösung, sondern auch Partizipation im Allgemeinen fördern. Bekannte Kollaborationen wie Umfragen oder Zählungen sind nur die Spitze des Eisberges von dem, was mit zielgerichtetem Zusammenarbeiten von Menschen möglich ist.

---

[1]Der Grundgedanke hinter kollektiver Intelligenz ist, dass es durch die Zusammenarbeit von Menschen und die Verknüpfung von Daten möglich wird Aufgaben zu lösen und/ oder neue Erkenntnisse zu erlangen, zu was ein Einzelner nicht in der Lage gewesen wäre. Zum Begriff (vgl. Segaran 2008, S.2ff).

3 Web 2.0

3.1 Vorbetrachtung

Der Erfolg des Begriffes *Web 2.0* liegt in erster Linie darin, dass seine Bedeutung genauso vielschichtig ist wie die Zusammenhänge, in denen er gebraucht wird. Als Bezeichnung für das Internet der nächsten Generation auf einer Konferenz vom O'Reilly Verlag[1] und der MediaLive International im Jahre 2004 geprägt, wurde er als Marketing-Begriff und Trendwort weltweit übernommen. Seitdem wird keine Entwicklung im Bereich des World Wide Web nicht mit dem neuen 2.0-Charakter in Verbindung gebracht und kaum ein Autor von Themen rund um Technologien der modernen Informations- und Kommunikationsgesellschaft kommt ohne die Nennung des neuen Schlagwortes aus. So listet die Buchsuche auf der deutschen Webseite des weltweit agierenden Online-Warenhauses Amazon.com, Inc. im Juni 2011 über 850 Publikationen, die den Begriff *Web 2.0* im Namen tragen oder direkt mit ihm assoziiert sind. Auf der US-amerikanischen Seite sind es über 2.700! Doch bevor die Mechanismen, Prinzipien und Ideen, die sich hinter dem Buzzwort verbergen, benannt und analysiert werden können, ist es notwendig zunächst seine Herkunft und Bedeutung näher zu untersuchen.

3.2 Definition

Ähnlich der Fülle an Literatur rund um den Begriff gibt es viele verschiedene Versuche *Web 2.0* zu definieren oder zu charakterisieren. Als Erfinder des *Web 2.0*-Begriffes gilt Tim O'Reilly, der in seinem Artikel „What Is Web 2.0" (siehe O'Reilly 2005) versuchte, neue Konzepte im World Wide Web zusammenzufassen und gegen das alte Web abzugrenzen, da er der Meinung war, eine Art evolutionären Schritt beobachtet zu haben. Infolgedessen stellte O'Reilly zum Beispiel die im sogenannten *Web 1.0* vorherrschenden persönlichen, oft statischen Webseiten dem neuen Blogging-Konzept (siehe Abschnitt 3.4) gegenüber, oder isoliert im Vergleich zum althergebrachten reinen Konsumieren von Inhalten partizipative Verhaltensweisen. Auffällig ist, dass O'Reilly technologische Neuerungen, die die neue Nutzung des Webs erst ermöglichten, zwar benennt, den eigentlichen Schwerpunkt des *Web 2.0* allerdings bei den sich daraus entwickelten neuen Ideen und Nutzungsweisen fest macht. So sieht er die strategische Neuausrichtung des Webs nach der Dot-Com-Krise[2] in der Nutzung als eine Plattform für, durch den Benutzer kontrollierte Dienstleistungen beziehungsweise Web-Services und beschreibt, dass neben einer kosteneffektiven Skalierbarkeit („Cost-effective

---

[1] O'Reilly ist ein weltweit bekannter Verlag, der Bücher über Computertechnologien für Entwickler, Administratoren und Anwender publiziert, vgl. http://www.oreilly.de/oreilly/about.html.

[2] Dot-Com-Krise ist ein Kunstbegriff, der auch als Dot-Com-Blase in die öffentlich Wahrnehmung eingegangen ist und das Scheitern von überbewerteten Geschäftsmodellen im Internet und den damit zusammenhängenden Aktienkurseinsturz von Internet-Unternehmen rund um das Jahr 2000 beschreibt, vgl. http://www.manager-magazin.de/finanzen/artikel/0,2828,186368,00.html

scalability") und weiteren Eigenschaften auch eine Architektur der Partizipation („Architecture of Partizipation") sowie ein Zunutze machen der kollektiven Intelligenz („Harnessing collective Intelligence") zu den Kern-Kompetenzen des neuen Webs zählen (vgl. Abbildung 3.1).

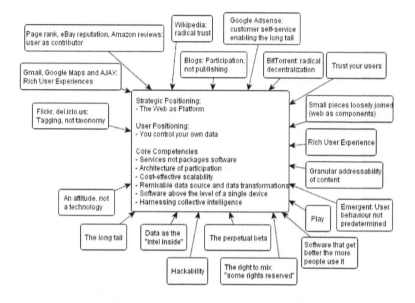

Abbildung 3.1: Web 2.0 Mind-Map (nach O'Reilly 2005)

Auch wenn Oreilly diesen Prinzipien einen besonders wichtigen Stellenwert für die Charakterisierung des *Web 2.0*-Begriffes zuweist, bleibt er jedoch bewusst ungenau in seinen Ausführungen und bietet somit eine Basis für Kritiken, Ergänzungen und vielfältige Interpretationen. So beschreibt beispielsweise der BITKOM[3] *Web 2.0* vordergründig nicht als neues Nutzungsprinzip des Internets, sondern als Organisationskonzept, das „die Vernetzung von Personen, Sachen und Dingen besser, einfacher und kostengünstiger"(Kaczorowski u. a. 2008, S.4) vorantreiben kann und erweitert somit den Grundgedanken der kollektiven Intelligenz um die konkrete Idee des hierarchiefreien, weltumspannenden und verknüpften Wissens. Auch Friedman sieht die, auf neuen Werkzeugen und Technologien basierende, permanente Vernetzung der Informationen als wichtige Charakteristik des neuen Webs, da diese nicht nur Grundlage für die Entstehung einer kollektiven Intelligenz ist, sondern vor allem für neue Geschäftsmodelle mit neuem finanziellem Potential (vgl. Friedman 2008, S.27f). Im Gegensatz dazu versucht Roggenkamp die Begrifflichkeit *Web 2.0* nicht weiter aufzublasen, sondern sie genauer zu definieren, indem er die Fragen nach dem wie und wodurch außen

---

[3]Bundesverband Informationswirtschaft, Telekommunikation und neue Medien e.V.

vor lässt, den Oreilly'schen Ansatz auf ein Minimum herunterbricht und damit schließt, dass das *Web 2.0* der Prozess der aktiven Integration des Nutzers in das World Wide Web sei (vgl. Roggenkamp 2010, S.39). Ein Vergleich der Aussagen macht deutlich, dass verschiedene Autoren zwar je nach ihrem Interessengebiet mitunter unterschiedliche Konsequenzen aus ihren Betrachtungen ziehen, ihr Ausgangspunkt, also die durch Oreilly geprägten Prinzipien, allerdings eine einheitliche Basis bilden. Das öffentliche Internet wurde somit zum Mitmach-Web erklärt, das durch Grundsätze wie *Aktiv statt Passiv, Das Web sind wir, Je mehr mitmachen, desto besser das Angebot* und *Nichts ist endgültig* geprägt wird (vgl. Kaczorowski u. a. 2008, S.9f). *Web 2.0* setzt sich also aus einer Reihe von Konzepten zusammen, die das Miteinander fördern und neue Nutzungsmöglichkeiten des Internets erlauben.

3.3 Kollektive Intelligenz

Zentrales Prinzip des neues Webs ist die Förderung und Nutzung kollektiver Intelligenz. Diese äußert sich insbesondere in der Akkumulation und Verwertung von sogenanntem User-Generated-Content[4] in den unterschiedlichsten Facetten. Als populäre Beispiele können an dieser Stelle beispielhaft der PageRank-Algorithmus von Google, die Online-Enzyklopädie Wikipedia oder das Online-Versandhaus Amazon genannt werden, wobei die simple Idee hinter allen diesen Diensten in wenigen Worten zusammengefasst werden kann – sie nutzen das Wissen, die Interessen und die Kreativität ihrer Nutzer, um das eigene Angebot zu verbessert. Während Googles PageRank nicht ausschließlich die zu indexierenden Web-Dokumente bewertet, sondern auch die Häufigkeit der Verlinkung auf anderen Seiten, also der Empfehlung anderer Nutzer, indirekt in die Klassifizierung einfließen lässt und somit die Suchergebnisse der eigenen Suchmaschine optimiert, nutzt die Wikipedia das Wissen der Nutzer direkt, indem diese kollaborativ Inhalte einfügen, korrigieren und ergänzen können (vgl. Friedman 2008, S.37ff). Der Erfolg von Amazon wiederum basiert auf dem extensiven Angebot von Bewertungs- und Empfehlungsmechanismen, die es Nutzern zum Beispiel ermöglichen, Produktbeschreibungen um eigene Rezensionen zu erweitern, die die Kaufentscheidungen anderer Nutzer unmittelbar beeinflussen können. Gemein ist diesen Online-Diensten, wie auch den meisten anderen Services, die auf User-Generated-Content setzen, dass auf der einen Seite ihr mittelbarer Erfolg von der Zuarbeit der Nutzer abhängig ist und die Dienste auf der anderen Seite umso attraktiver für die Nutzer werden desto mehr Personen mitmachen. *Web 2.0*-User entscheiden auf diese Weise selbst über Erfolg oder Misserfolg eines neuen Web-Services beziehungsweise eines Geschäftsmodells.

Nebenerscheinungen dieser, oft durch die kommunikative Interaktion von Individuen entstehende Weisheit der Massen (Wisdom of Crowds (siehe O'Reilly 2005)) sind die Ethik der Kooperation und die sogenannte Folksonomy[5]. Während erstere die neue Rolle der Diensteanbieter als Vermittler zwischen den Nutzern beschreibt, deren Aufgabe es ist Ressourcen zu bündeln und für Verfügbarkeit zu sorgen (vgl. Friedman 2008, S.39f), charakterisiert

---

[4]User-Generated-Content grenzt sich als antonym vom sogenannten Provider-Generated-Content ab und bezeichnet somit eine durch Nutzer freiwillig erbrachte Erweiterung des Inhalts einer Webseite. Neben dem veröffentlichen von Videos, Fotos und eigenen Texten zählen dazu zum Beispiel auch (Meinungs-) Kommentare, Bewertungen oder das Teilnehmen an Umfragen.
[5]Der Begriff Folksonomy setzt sich aus den englischen Begriffen Folks (Leute) und Taxonomy (Klassifizierung) zusammen.

Folksonomy das Konzept der kollaborativen Verschlagwortung, bei der Nutzer Inhalte frei mit Begriffen assoziieren können und somit zur besseren Einordnung von Fotos, Videos, Texten oder anderen Inhalten beitragen (vgl. Roggenkamp 2010, S.24f).

Durch das *Web 2.0* kommt es folglich zu einer immer stärker werdenden Aufhebung des klassischen Sender-Empfänger-Prinzips, bei dem idealtypisch ein aktiver Sender, der eine Nachricht übermitteln wollte, einem oder mehreren passiven Empfängern gegenüberstand. Die zunehmende demokratischere Verteilung von Wissen und Meinungen, die von den von Oreilly zusammengefassten Kernkonzepten fußt, dass aus Empfängern auch Sender werden, da ihnen nun die dazu notwendigen Kommunikationsmittel zur Verfügung stehen, birgt Chancen der Wiederbelebung demokratischer Kompetenzen (vgl. Kiellisch 2010). Mit Blogs, Wikis, Social Communities und Crowdsourcing werden im Folgenden einige ausgewählte *Web 2.0*-Konzepte und Kommunikationsmittel, durch welche diese Entwicklung erst möglich gemacht wurde und die somit zu den heutigen Grundbausteinen des interaktiven, sozialen Webs gehören, stellvertretend für das gesamte neue WWW[6], näher betrachtet.

3.4 Blogs

Die Begriffe Weblog[7] und Blog[8] bezeichnen synonym eine Klasse von Webseiten, die sich vor allem durch ihre chronologischen Inhaltserweiterung entlang einer nachvollziehbaren Zeitachse auszeichnen und somit, zum Beispiel durch die verbreitete Kombination mit RSS-Feeds[9], das Abonnieren von neuen Blog-Einträgen ermöglichen. Die Verlagerung klassischer Tagebucheinträge und Journale ins Internet und die damit einhergehende Veröffentlichung eigener Inhalte, Meinungen und Gedanken durch eine breite Masse von Nutzern wurde durch das Aufkommen einfach zu bedienender Blogsoftware wie Wordpress im Jahre 2004 und fertiger online Blogapplikationen wie Google's Blogger in 2003 initiiert (vgl. Roggenkamp 2010, S.37). Diese offenen Personal-Publishing-Systeme ermöglichen es Nutzern, ähnlich wie die in Abschnitt 3.5 beschriebenen Wikis, auch „ohne fundierte Programmierkenntnisse beliebige Inhalte schnell [zu] publizieren und [zu] verbreiten" (Friedman 2008, S.40). Blogs werden, indem sie somit Bürgerinnen und Bürgern eine aktive Rolle im Zusammenhang mit der Nachrichtenverbreitung ermöglichen, zum Inbegriff des *Grassroutes Journalism*[10] der sich die Schaffung unabhängiger Medien zum Ziel gesetzt hat, um so die Demokratie zu stärken.

Zwar gibt es keine zuverlässigen Zahlen über den Umfang der sogenannten Blogosphäre[11],

---

[6]World Wide Web

[7]Der Begriff Weblog geht auf den Amerikaner Jorn Barger zurück, der den Begriff 1997 zum ersten Mal verwendete und heutzutage als Weblogpionier gilt (vgl. Büffel 2006)

[8]Blog geht auf Peter Merholz zurück, der den Begriff Weblog 1999 erstmals in „we blog" aufspaltete (vgl. Crystal 2006, S.239).

[9]Really Simple Syndication (RSS) gehört aufgrund der Einfachheit zu den am häufigsten genutzten Technologien im *Web 2.0*. RSS ermöglicht das dynamische zur Verfügung stellen von Web-Inhalten via XML-Codierung und ermöglicht so ein simples Abonnieren von Inhalten über einen RSS-Reader (vgl. Friedman 2008, S.42).

[10]Auch Citizen Journalism oder partizipativer Journalismus.

[11]Zwar gibt es diverse statistische Erhebungen zum Umfang der Blogosphäre, ob die erfassten/ registrierten Weblogs allerdings aktiv betrieben werden lässt sich daraus nicht ableiten. Eine Recherche des Medienunternehmens Universal McCann ergab im März 2008 eine absolute Anzahl von 184 Millionen Blogs weltweit (vgl. Winn 2009).

dennoch spielen Blogs im heutigen *Web 2.0* eine zentrale Rolle, stehen sie doch wie kaum ein anderes Werkzeug für die Verbreitung von User-Generated-Content im Internet. Die oft von journalistischen Laien verfassten Inhalte werden häufig als Antwort zu Artikeln aus etablierten Konzernmedien verfasst, greifen Themen aus dem Presse-Mainstream auf oder verbreiten neue Informationen aus Nischenthemen. Den Nutzern wird so die Möglichkeit gegeben, ihre eigenen Ansichten, Meinungen und Erkenntnisse öffentlich einsehbar zu verbreiten und so neue Themenfelder abseits der Nachrichtenagenturen und illustrierten Magazine zu erschließen.

Mit der Möglichkeit der Partizipation der Leser durch das (häufig auch anonym mögliche) Kommentieren von Einträgen und dem direkten Bezugnehmen durch sogenannte Trackbacks[12] kommt in Blogs ein weiteres wesentliches Instrument des *Web 2.0* zum Tragen (vgl. Roggenkamp 2010, S.38). Anders als bei herkömmlichen Printmedien oder redaktionell betriebenen klassischen Nachrichtenagenturen, können Leser so unmittelbar auf Beiträge reagieren, wodurch Diskussionen angeregt und der Webseiteneintrag dynamisch erweitert wird. Folglich ermöglichen es Blogs nicht nur einer breiten Masse selbst quasi-journalistisch tätig zu werden, sondern auch nicht-Bloggern Stellung zu beziehen.

3.5 Wikis

Der Begriff Wiki[13] beschreibt im Ergebnis eine Akkumulation von Web-Inhalten, die von Nutzern kollaborativ und transparent, auf Grundlage einer sogenannten Wiki-Engine[14] ähnlich einem Lexikon erstellt und bearbeitet wurden (vgl. Roggenkamp 2010, S.37). Diese verfügt nicht nur über einen Texteditor, über den Inhalte mit Hilfe einer vereinfachten Auszeichnungssprache editiert werden können, sondern auch über eine integrierte Versionskontrolle, Diskussionsbereiche und Möglichkeiten der internen Kategorisierung und Verlinkung von verschiedenen Inhalten. Bei Wikis handelt es sich somit um speziell auf die Zusammenarbeit und Interaktion ausgerichtete Content-Management-Systeme (CMS).

Da es jedem Nutzer und jeder Nutzerin möglich ist, eigene Inhalte einzufügen und andere zu editieren, fördern Wiki-Anwendungen, zu deren bekanntesten Vertretern die Online-Enzyklopädie Wikipedia[15] gehört, zwar die Zusammenarbeit und regen zur Partizipation an, verpflichten allerdings darüber hinaus auch indirekt zur Interaktion mit anderen Nutzern, Ansichten und Kenntnissen. Qualitätssicherung findet somit ausschließlich über das Erweitern oder Editieren bestehender Änderungen statt[16], womit der Wissenstransfer und die Diskussion in das Zentrum der Wiki-Philosophie rutschen und Wikis auf diese Weise zum Sinnbild für die kollektive Intelligenz im *Web 2.0* machen.

---

[12]Trackbacks ermöglichen es, Beziehung zwischen Blogs herzustellen und gestatten einem Blog-Betreiber so Informationen über Backlinks, also Bezugnahmen, zu erhalten und zu veröffentlichen (vgl. Tippmann).

[13]hawaiisch für schnell

[14]Die bekannteste Wiki-Engine ist das MediaWiki. Darüber hinaus existieren eine Vielzahl weiterer, oft auf spezielle Aufgaben angepasster, Wiki-Engines wie zum Beispiel TracWiki, TWiki oder PmWiki.

[15]http://www.wikipedia.org

[16]In größeren Wiki-Anwendungen, wie der Wikipedia, haben sich sogenannte Administratoren als redaktionelle Schicht etabliert. Ihre Aufgabe liegt insbesondere in der Bewertung von neuen Inhalten auf Relevanz. Diese Art der Zensur ist allerdings nicht unumstritten (vgl. Lischka 2007).

Die sich inhaltlich ständig in einem Veränderungsprozess befindlichen Wikis ermöglichen es folglich, bestehende Inhalte flexibel zu organisieren und durch die Partizipation von Nutzern neue Inhalte gemeinschaftlich zu erschließen. Zudem kann ein Wiki, ähnlich wie die Social-Communities (siehe 3.6), nach Erreichen einer kritischen Masse von aktiven Nutzern zu einem dynamischen Selbstläufer werden, in dem allein die Nutzer den Fortbestand des Projektes gewährleisten, immer neue Inhalte generieren und auf diese Weise immer neue Nutzer gewinnen.

3.6 Social-Communities

Social-Communities, oft auch als Social-Networking-Plattformen bezeichnet, sind der Motor für die anhaltende Vernetzung von Inhalten und Menschen im *Web 2.0*. Sie gestatten es, auf Basis der individuell durch die Nutzer erzeugten Inhalte (Stichwort: User-Generated-Content), soziale Kontakte online abzubilden, zu pflegen und immer neue Nutzer „kennenzulernen". Entscheidend ermöglicht wird dies durch das Prinzip der Folksonomy, also der Verschlagwortung von Daten, Interessen und anderen persönlichen Informationen[17], auf deren Grundlage mögliche Bekannte und Gleichgesinnte ermittelt und den Nutzern als Verwandte, Freunde oder potenzielle neue Kontakte vorgeschlagen werden. Den Ausgangspunkt bildet dabei das durch den Nutzer mit Inhalten gefüllte Profil, das im Idealfall über relevante, nutzerspezifische Informationen verfügt (vgl. Roggenkamp 2010, S.35f). Die Verknüpfung dieser verschiedenen Profile stellt dabei nicht nur den Kern des „sozialen" Netzwerks dar, sondern ermöglicht auch das auf personalisierter Werbung basierende Geschäftsmodell der Betreiber[18].

Mit über 750 Millionen aktiven Nutzern weltweit[19], 19 Millionen davon aus Deutschland[20], gilt Facebook[21] als bekannteste und erfolgreichste Social-Community. Besonders interessant für Social-Community-Betreiber ist es eine kritische Masse von Nutzern an die Anwendung zu binden und so dafür zu sorgen, dass sich die Plattform dynamisch und von sich heraus erweitert. Zusätzliche Angebote wie integrierte Messaging-Systeme sowie Meinungs- und Informationsaustauschplattformen oder das Bereitstellen von Schnittstellen für externe Anwendungen sorgen dabei für eine zunehmend stärkere Bindung an die Community (vgl. Roggenkamp 2010, S.36).

Durch die weltweite Verknüpfung von Daten, Informationen und millionen Nutzern ermöglichen Social-Networking-Plattformen wie keine anderen *Web 2.0*-Anwendungen die Entwicklung von Interessengruppen oder das Mobilisieren von Personen sowohl online als auch offline[22].

---

[17]Persönliche Informationen wie zum Beispiel Angaben über Lieblingsbücher, -filme oder -farben werden häufig auch als Metadaten einer Person bezeichnet, über die sich konkrete Persönlichkeits- und Verhaltensprofile erstellen lassen.

[18]In diesem Zusammenhang treten oft datenschutzrechtliche Problematiken auf (siehe Kurz u. Rieger 2011, inklusive Erläuterungen zu Verwertungsmechanismen von persönlichen Nutzerdaten).

[19]Stand: Juli 2011, siehe http://www.facebook.com/press/info.php?statistics

[20]Stand: 09. Juli 2011, siehe http://allfacebook.de/userdata/

[21]http://www.facebook.com

[22]Als Projekte, die es besonders verstanden Online- und Offline-Mobilisierung zu verbinden, gelten zum Beispiel die US-Wahlkampfkampagne von Obama im Jahr 2008 oder die organisierten Proteste gegen das umstrittene Bahnhofsprojekt *Stuttgart 21* in 2010 (vgl. Schmidt 2010).

3.7 Crowdsourcing

Im Jahr 2006 von Jeff Howe geprägt, lehnt sich der Neologismus Crowdsourcing an das Auslagern von Unternehmensaufgaben an externe Firmen (das sogenannte Outsourcing) an und beschreibt somit die „Übertragung von Unternehmensaufgaben auf eine Masse („Crowd") von Menschen unabhängig von Organisationen" (Gronau u. a. 2009, S.128). Dabei werden ausgewählte Teilaufgaben oder Problemstellungen, häufig solche, die Menschen effizienter als Maschinen lösen können und oft ergänzt um monetäre Anreize, veröffentlicht und auf diese Weise die kollektive Intelligenz der Nutzer genutzt, um kostengünstig komplexe Unternehmungen durchzuführen, Qualitätssicherung zu betreiben, neues Wissen zu entwickeln oder kreative Lösungen zu finden (vgl. Friedman 2008, S.52).

Ausgenutzt wird bei dieser besonderen Form der Arbeitsteilung vor allem der Faktor Motivation. Aufgrund der scheinbaren Einfachheit einer Aufgabe oder der in Aussicht stehenden öffentlichen Anerkennung sind Nutzer häufig bereit, gegen eine geringe Entlohnung oder in manchen Fällen sogar unentgeltlich ihr Wissen oder ihre Kreativität Anderen zur Verfügung zu stellen. Diese zum Beispiel bereits aus Open-Source-Projekten bekannte Tatsache ermöglicht es, aus den vielfältigen Aktivitäten und Interessen von Nutzern Mehrwerte zu schöpfen und darüber hinaus Menschen längerfristig an bestimmte Vorhaben, Produkte oder Organisationen zu binden.

Neben den vielen kleineren Crowdsourcing-Projekten, die vorallem die Kreativität von Nutzern zum Beispiel im Bereich Grafik-Design und Software-Programmierung in Anspruch nehmen, existieren auch Crowdsourcing-Plattform, die Anlaufstellen für Arbeitnehmer und -geber darstellen. Bekanntestes Beispiel dafür ist Amazons *Mechanical Turk*[23], ein Marktplatz für zumeist kleinteilige Arbeiten, sogenannten *Human Intelligent Tasks*, bei dem registrierte Nutzer aus einem Pool von Aufgaben wählen und diese gegen Bezahlung abarbeiten können.

---

[23]http://www.mturk.com

4 E-Government

4.1 Vorbetrachtung

Aus den Vorüberlegungen zu Partizipation (siehe Kapitel 2) ergibt sich zwangsläufig, dass politische Partizipation den Motor modernen gesellschaftlichen Lebens darstellt und für eine stabile sowie lebendige Demokratie unverzichtbar ist. Ein Blick auf die politische Landschaft in Deutschland fördert allerdings, schon bei oberflächlicher Betrachtung, zu Tage, dass die sogenannte „Politikverdrossenheit" in der Mitte der Gesellschaft angekommen ist. 2006 bekannte sich mit 51 Prozent die Mehrheit der bundesdeutschen Bürgerinnen und Bürger als unzufrieden mit der aktuellen Form des Regierens und bestätigte somit die auf sinkenden Wahlbeteiligungen[1] und schwindenden Parteimitgliedszahlen[2] beruhende Befürchtung einer schwächer werdenden Demokratie (vgl. Walter u. Lühmann 2010, S.2).

Die Gründe für die zunehmende politische Apathie innerhalb der Bevölkerung sind genauso vielfältig wie die Ideen für das politische Alltagsgeschäft zu werben, wobei es sich allerdings oft um durch politische Ideale geprägte Korrekturvorschläge inhaltlicher Natur handelt und weniger um strukturelle Veränderungen wie dem Schaffen neuer Schnittstellen zwischen Bürgern und Politik. Dabei sind es genau diese Interaktionsstellen, die sowohl für eine moderne Partizipation grundlegend und für die Inanspruchnahme von Rechten und Pflichten notwendig, als auch für die Erfüllung der gesteigerten Erwartungshaltung der Bürger erforderlich sind. Einige der wenigen Ansätze, die strukturelle Veränderungen im Bürger-Staat-Verhältnis fordern und durchsetzen wollen, beinhalten die Überlegungen zu E-Government.

4.2 Definition

Zwar existiert keine einheitliche Definition, der Begriff E-Government (auch eGovernment) beschreibt jedoch als Kurzform von Electronic-Government[3] die grundlegende Neugestaltung der unterschiedlichen Interaktionen mit dem Staat auf Grundlage technischer Neuerungen und der Reorganisation der Geschäftsprozesse, um auf der einen Seite sowohl Qualitätsverbesserungen als auch Zeit- und Kostenersparnisse (vgl. Gronau 2011, S.6) und auf der anderen Seite eine generelle Erhöhung des Demokratieniveaus durch Partizipation zu erreichen (vgl. Roggenkamp 2010, S.45ff). Dabei wird allgemein zwischen internem E-Government[4],

---

[1] Mit einer Wahlbeteiligung von 70,8 Prozent stellte die Bundestagswahl 2009 einen neuen Negativrekord auf (vgl. Bundeswahlleiter 2009).

[2] Wie die Wahlbeteiligung ist auch die Anzahl der Mitglieder der sogenannten Volksparteien stark rückläufig. So verlor beispielsweise die Freie Demokratische Partei (FDP) zwischen 1990 und 2004 ungefähr 64 Prozent ihrer Mitglieder (vgl. Arps 2009, S.17ff).

[3] Vom englischen *to govern*, für regieren, leiten, verwalten, regeln.

[4] Internes E-Government wird oft auch als *G2G*, also Government-to-Government Beziehung bezeichnet.

also Abläufen innerhalb des Staats- und Verwaltungsapparates, und externem E-Government[5], also Schnittstellen zu Bürgern sowie der Wirtschaft, unterschieden (vgl. Gronau 2011, S.7). Mit Fokus auf G2C und die politische Partizipation kann E-Government somit als Verbesserung der Arbeit des Staates auf Basis von Informations- und Kommunikationstechnologien zur verstärkten Einbeziehung der Bürger in das politische Geschehen verstanden werden.

Basis für diese Betracht ist das 3-Phasenmodell von Ashgari (siehe Abbildung 4.1), welches die Entwicklungsphasen des E-Government beschreibt. Den Ausgangspunkt bildet dabei die sogenannte „Steinzeit des Internetzeitalters" (Phase 1), die sich allein durch das Zur-Verfügung-Stellen von Informationen durch Politik und Verwaltung auszeichnet und von der sogenannten Kommunikationsphase (Phase 2) abgelöst wird. In dieser wird bereits einfache Kommunikation und Interaktion zwischen den Akteuren ermöglicht. Die nachfolgende Transaktionsphase (Phase 3) zeichnet sich durch die komplette digitale Abbildung der Prozesse innerhalb des Staates aus und mündet in der sogenannten Partizipationsphase als der höchsten Stufe des E-Government. Sie ist das Ziel aller E-Government-Überlegungen und resultiert in der aktiven Einbeziehung der Bürgerinnen und Bürger in das politische und soziale Geschehen (vgl. Roggenkamp 2010, S.51). E-Government befindet sich also, ähnlich wie das WWW, in einem ständigen Veränderungsprozess.

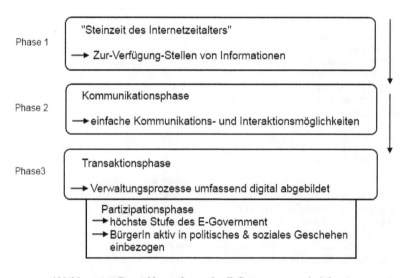

Abbildung 4.1: Entwicklungsphasen des E-Government nach Ashgari

---

[5]Externes E-Government teilt sich in die Beziehungen zu den Bürgern (G2C, Government-to-Citizen), zur Privatwirtschaft (G2B, Government-to-Business) und zum Non-Profit-Sektor (G2N, Government-to-Non-Profit) auf.

4.3 E-Partizipation

Um die elektronisch unterstützte Art und Weise dieser neuen partizipativen Kommunikation gegenüber traditionellen Prozessen abzugrenzen, wird diese auch als E-Partizipation bezeichnet und als Teil der sogenannten E-Democracy[6] verstanden. E-Partizipation beschreibt dabei jedoch nicht ein mitbestimmendes Element der direkten Demokratie, sondern ein auf Sachfragen bezogenes Mitwirkungsangebot. Dieses soll zum einen beispielsweise durch elektronische Diskussionsforen den demokratischen Entscheidungsprozess erleichtern (E-Deliberation), den Rechtssetzungsprozess durch den Einsatz von Informationstechnologie transparenter gestalten (E-Ligislation), das elektronische Einreichen und Bearbeiten von Petitionen (E-Petition) etablieren sowie das Befragen von Bürgern über das Internet (E-Consultation) ermöglichen. Diese Erweiterung der politischen Verwaltung um eine interaktive Online-Schnittstelle soll nicht nur langfristig Effizienz steigern und Kosten senken, sondern auch Planungsfehler und daraus resultierende Rechtsstreitigkeiten vermeiden. Als mögliche Nebeneffekte können des Weiteren ein allseitiger Informationsgewinn, die Festigung des sozialen Friedens sowie das daraus resultierende Erstarken des Vertrauens in die Institutionen gesehen werden (vgl. Roggenkamp 2010, S.55ff).

Mit dem Ziel, durch technische Erweiterungen und Verbesserungen die Prozesse innerhalb der Politik und Verwaltung transparenter zu gestalten und gleichzeitig interaktive Schnittstellen für Bürger bereitzustellen, um auf diese Weise ein Mehr an Partizipation zu schaffen und so das allgemeine Demokratieniveau zu heben, wird E-Government zur treibenden Kraft für die Ansätze des Open-Government.

---

[6]Als E-Democracy werden alle Maßnahmen zusammengefasst, die Bürgerinnen und Bürgern auf Grundlage von Internet-Technologien zusätzliche Mitbestimmungs- und Gestaltungsmöglichkeiten einräumen, vgl. Lexikon des Bundesministerium des Innern. Online abrufbar unter: http://www.bmi.bund.de/DE/Service/Glossar/Functions/glossar.html?nn=105094&lv2=296422&lv3=152202.

5 Exkurs: Open-Government

Ein weiterer Ansatz zur Verbesserung der Partizipation unter Verwendung moderner Kommunikationstechnologie ist das Open-Government. Dieser beschreibt in erster Linie die transparentere Gestaltung von Staat und Verwaltung gegenüber den Bürgern und der Privatwirtschaft, wird allerdings vordergründig durch eine Sammlung verschiedener Visionen und nicht, wie beim E-Government, durch konkrete Konzepte charakterisiert. Zu Open-Government gehören demnach alle Ansätze, die sich mit der Öffnung von Staat und Verwaltung auseinandersetzen, um mehr Bürgerorientierung und Offenheit gegenüber der Gesellschaft zu etablieren und auf diese Weise die Entwicklung vom Obrigkeitsstaat zu einem partnerschaftlichen Staat voranzutreiben (vgl. von Lucke 2011, S.282f).

Kongruent zum E-Government zielt Open-Government dabei insbesondere auf die Steigerung von Transparenz, Partizipation und Kollaboration ab und „fordert förmlich dazu auf, Informationsangebote transparent und interaktiv auf Basis offener Standards, Schnittstellen und Daten zu gestalten, neue Formen der Bürgerbeteiligung einzuführen, organisationsübergreifende Prozess- und Wertschöpfungsketten aufzusetzen und Innovationsprozesse offen zu gestalten" (von Lucke 2011, S.283). Die Grenzen zwischen E-Government und Open-Government im Bezug auf die Zielsetzungen verschwimmen folglich.

Open-Government-Ansätze sehen allerdings, im Gegensatz zum E-Government das Bürger oft zu Kunden degradiert, *Web 2.0*-Konzepte nicht als eine Art zusätzliches Diensteangebot für die Bürger, sondern als konkrete Basis und Ausgangspunkt für weitere Überlegungen. Open-Government geht damit über die Optimierung von Prozessen und Schnittstellen hinaus und beschreibt mit den Kerngedanken *Transparenz 2.0, Kollaboration 2.0* und *Partizipation 2.0* drei losgelöste Visionen, die grundlegend auf Methoden, Konzepten und Anwendungen des *Web 2.0* fußen. Diese öffnen eine Vielzahl neuer Chancen zur Erweiterung bestehender Partizipationsmöglichkeiten.

Transparenz 2.0 charakterisiert dabei die Weiterentwicklung der Idee der öffentlich nachvollziehbaren Gestaltung der Abläufe in Politik, Verwaltung und Justiz und wird geprägt durch das Integrieren sozialer Netzwerke, transparenter Informationssysteme und Methoden zur gemeinschaftlichen Arbeit an Inhalten. *Partizipation 2.0* wiederum nutzt *Web 2.0*-Technologien, um neuartige Formen öffentlichen Diskutierens zu etablieren, die die konventionelle Meinungsbildung ergänzen. Auf Basis dieser neuen Transparenz- und Partizipationsansätze könnten Bürger direkt an Aufgabenbearbeitungen beteiligt und im Sinne von *Kollaboration 2.0* auf diese Weise die kollektive Intelligenz (Stichwort: Crowdsourcing) zur Lösung von Problemen genutzt werden (vgl. von Lucke 2011, S.285ff).

Mit Open-Government existieren also bereits erste Überlegungen, wie nach erfolgreicher Reorganisation von Politik und Verwaltung durch E-Government-Initiativen Erfahrungen mit dem *Web 2.0* zur weiteren Bereicherung der Bürger-Staat-Schnittstellen genutzt werden können. Insbesondere spielt auch hier die Beobachtung, dass das *Web 2.0* partizipative Strukturen fördert eine entscheidende Rolle.

6 Web 2.0 & politische Partizipation

Nach weitestgehend voneinander losgelösten Vorüberlegungen zu Partizipation im Allgemeinen, zu den Ideen und Konzepten die sich hinter dem Begriff *Web 2.0* verbergen und zu den Zielen von E-Government soll in diesem Kapitel die Schnittmenge zwischen diesen Themenbereichen gefunden und herausgestellt werden, inwiefern das *Web 2.0* aktuell zu politischer Partizipation beiträgt oder in Zukunft beitragen kann. Dazu werden nicht nur offizielle Initiativen zur Förderung der politischen Partizipation von Seiten der Politik beschrieben, sondern anhand von Beispielen auch neuartige Protest- und Organisationsformen erläutert, sowie Chancen und Risiken benannt. Auf diese Weise soll gezeigt werden, dass das *Web 2.0* politische Partizipation vereinfacht und das sich die durchdachte Übertragung von Erfahrungen und Erkenntnissen im Umgang mit dem *Web 2.0* auf die Politik positiv auf die politische Teilhabe der Bevölkerung auswirkt und somit der gesamten Demokratie zu Gute kommt.

6.1 Exkurs: Netzbasierte Partizipation

Überlegungen zu netzbasierter Partizipation zeigen, dass *Web 2.0*-Prinzipien im Allgemeinen auf verschiedene Art und Weise durch die Politik genutzt werden können. Unterschieden werden drei Ausprägungen, die von der reinen Nutzung des Internets zur Kostensenkung, über die Nutzung von Interaktionsmöglichkeiten zur Optimierung bestehender Ansätze von Partizipation bis hin zur Etablierung einer kritischen Netzgemeinschaft reichen und so ein breites Anwendungsfeld beschreiben.

Partizipation 1.0 bezeichnet dabei die oft vorherrschende, top-down initiierte Form netzbasierter Partizipation. Diese zumeist formellen Beteiligungsverfahren nutzen beispielsweise Online-Abstimmungsmöglichkeiten und bedeuten im Wesentlichen die Digitalisierung von bewährten Partizipationsformaten. Um einen darauf aufbauenden evolutionären Schritt handelt es sich bei *Partizipation 2.0*, die die Interaktionsmechanismen des *Web 2.0* intensiv ausnutzt, um eine von den Bürgern ausgehende Beteiligung zu etablieren. Bürgerinnen und Bürger werden so gleichzeitig zu Konsumenten und Produzenten und können sich aus eigener Initiative heraus engagieren. Als dritte Ausprägung netzbasierter Partizipation beschreibt *Partizipation 3.0* auf dem *Web 2.0* aufbaubende, grundlegende Neuerungen der Demokratie, die beispielsweise mit Delegated-Voting[1] und Liquid-Democracy[2] Elemente von direkter und

---

[1] Delegated-Voting beziehungsweise Proxy-Voting beschreibt ein neuartiges Wahlverfahren, bei dem Stimmberechtigte ihre Stimme anderen Stimmberechtigten übertragen können, zum Beispiel wenn sie der Meinung eines Experten mehr vertrauen als ihrem eigenen beschränktem Sachverstand. Ideen zur Einführung eines Delegated-Voting-Systems finden sich beispielsweise im Wiki der Piratenpartei Deutschland, siehe http://wiki.piratenpartei.de/Ideen_zur_Einf%C3%BChrung_eines_Delegated_Voting_Systems.

[2] Liquid-Democracy beschreibt eine Mischform aus indirekter und direkter Demokratie, die sich beispielsweise dadurch auszeichnet, dass Stimmberechtigte selbst entscheiden ob und an wen sie ihre Stimme delegieren und darüber hinaus auch berechtigt sind, ihr Delegat jeder Zeit zurück zu ziehen. Nähere Infor-

repräsentativer Demokratie vereinen (vgl. Krüger 2010).

Im Gegensatz zu den ersten zwei Partizipationsversionen beschäftigt sich *Partizipation 3.0* demnach nicht nur mit der reinen *Web 2.0*-basierten Erweiterung bereits etablierter Partizipationsformen, sondern mit theoretischen Überlegungen zu neuen Elementen netzbasierter Teilhabe. Im Vordergrund steht dabei mit der durch das *Web 2.0* geprägten Netzgemeinschaft insbesondere die Herausbildung einer neuen, die Presse ergänzenden Macht.

6.2 E-Government 2.0

Einen zentralen Standpunkt bei E-Government-Überlegungen nimmt auch das *Web 2.0* ein. Mit seinen Idealen von Transparenz und Kollaboration hat es gezeigt, wie und viel wichtiger noch, dass es funktioniert eine Vielzahl von Bürgern für neue Konzepte und Ansätze bezüglich web-gestützter Interaktion zu gewinnen und darüber hinaus zur Partizipation anzuregen. Das „Mitmach-Web" ermöglicht es erstmals, einfach und allgemein zugänglich Informationen sowohl eingeschränkt hierarchisch und transparent zu senden und zu empfangen, als auch kollaborativ weiterzuentwickeln und lässt sich somit für die Umsetzung der E-Partizipation Ideen einsetzen. Insbesondere die neue Generation von überwiegend konstruktiv an *Web 2.0*-Projekten teilhabenden, kritisch bewertenden, Meinungen publizierenden und auf Probleme hinweisenden Nutzern bildet die notwendige Basis für den Eintritt in die Partizipationsphase des E-Government (vgl. Roggenkamp 2010, S.51f).

Außerdem existieren zahlreiche Chancen für *Web 2.0*-Anwendungen bei einer Verwendung im öffentlichen Sektor. Zu den Prägnantesten zählt in jedem Fall die Wandlung des lokalen Agenda-Settings von Top-Down nach Bottom-Up. Durch die intensive Nutzung von Social-Software und *Web 2.0*-Prinzipien wird es beispielsweise Kommunen möglich, örtliche Angelegenheiten betreffend, in engeren Kontakt mit den Bürgern zu treten, sie so mit einzubeziehen und auf diese Weise auch die regionale Identität zu stärken. Zudem wird es so möglich, Bürger stärker als zuvor in den Entscheidungsfindungsprozess bei regionalen Angelegenheiten aktiv und direkt einzubinden und somit die kommunale Transparenz zu erhöhen und die öffentliche Willensbildung zu stärken (vgl. Kaczorowski u. a. 2008, S.17).

Inspiriert durch den Online-Wahlkampf Barack Obamas im Jahr 2008 zog es während des Bundestagswahlkampfes 2009 den Großteil der Kandidaten ins *Social-Web*, also auf Social-Communities wie Facebook, Videoplattformen wie Youtube oder Micro-Blogging-Dienste wie Twitter und Parteien setzten Blogs auf (vgl. Netzpolitik.org 2009). Dennoch scheint die Mehrheit der Politiker die auf Interaktivität und Teilhabe beruhenden Konzepte von *Web 2.0*-Anwendungen nicht erkannt zu haben. So handelte es sich bei den Web-Präsenzen der Parteien häufig um reine Werbe-Veranstaltungen und weniger um diskursanregende Aufrufe oder gar ein kollaboratives Entwickeln des Wahlprogramms.

Auch in die offizielle Politik hat es das Wissen um die Chancen von *Web 2.0* nur in Ansätzen geschafft. Zwar initiierte die Bundesregierung mit *BundOnline 2005* und *E-Government*

---

mationen liefert das Wiki der Piratenpartei Deutschland, siehe http://wiki.piratenpartei.de/Liquid_Democracy oder ein Artikel der Zeit Online, siehe http://www.zeit.de/digital/internet/2010-02/liquid-democracy-piraten.

2.0 innerhalb weniger Jahre zwar bereits zwei aufeinander aufbauende Initiativen zur Umsetzung von E-Government-Ansätzen, die zwar beispielsweise die Steigerung der Nutzerorientierung sowie die Verbesserung der Beteiligung von Wirtschaft und Bevölkerung an politischen Entscheidungs- und Verwaltungsprozessen als Ziele definieren (vgl. Bundesministerium des Innern 2011), schlussendlich ihren Fokus allerdings hauptsächlich auf die Erstellung von Dienstleistungsportfolios und die Online-Bereitstellung der daraus resultierenden Online-Datenbanken, Fachinformationsportale und Behördenhomepages legen (vgl. Bundesministerium des Innern 2006, S.9f). Gute Beispiele für sich dennoch durchsetzende Projekte sind beispielsweise die sogenannten Bürgerhaushalte oder Stadt- beziehungsweise Regio-Wikis.

6.2.1 Bürgerhaushalte

Bei einem Bürgerhaushalt handelt es sich um eine regional begrenzte Angelegenheit, die sich als ständiges und wiederholtes Verfahren mit der Organisation von begrenzten Ressourcen beschäftigt. Dabei werden, abseits der etablierten Gremien repräsentativer Demokratien, Bürgerinnen und Bürger direkt in die Entscheidungsfindung über öffentliche Finanzen eingebunden und können online eigene Vorschläge zur Verwendung städtischer, kommunaler oder bezirklicher Einnahmen einreichen, andere Vorschläge bewerten oder diskutieren (vgl. Franzke u. Kleger 2010, S.15). Die bestbewerteten Vorschlägen werden nach Abschluss der Partizipationphase an die jeweilige Verwaltung übergeben, dort geprüft und anschließend an die Entscheidungsträger übermittelt. Als Vorreiterprojekte in Deutschland gelten die Haushaltsplanung 2.0 der Stadt Köln[3] (2007) sowie der Bürgerhaushalt in Hamburg (2006) (vgl. Kaczorowski u. a. 2008, S.29ff), inzwischen listet der Statusbericht über Bürgerhaushalte in Deutschland allerdings bereits 207 Kommunen mit kontinuierlich steigenden Besucherzahlen[4].

Bürgerhaushalte machen somit deutlich, auf welche Weise im Zuge der Umsetzung von E-Government, auf Grundlage von *Web 2.0*-Techniken wie zum Beispiel Online-Bewertungen, die Bürger aktiv in verwaltungstechnische und somit indirekt politische Themen mit einbezogen werden können und so der Entfremdung zwischen politischer Klasse und Wahlvolk entgegengewirkt werden kann. Durch das gezielte Zusammentragen von (Verbesserungs-) Vorschlägen nutzen Bürgerhaushalte Ansätze des Crowdsourcing und werden „als besonders weitgehende technologieunterstützte Form der Partizipation wegweisend" (Kaczorowski u. a. 2008, S.32).

6.2.2 Stadt-Wikis

Stadt- oder auch Regionalwikis beschäftigen sich, wie der Name andeutet, mit Städten oder Regionen, basieren auf Wiki-Software und setzen somit auf die bekannten Wiki-Konzepte von Transparenz und Kollaboration. Dabei geht es vorwiegend nicht um die journalistische Auseinandersetzung mit einem geographisch abgegrenzten Gebiet, sondern eher um das Zusammentragen von neutralem Hintergrundwissen (vgl. Göbbels 2009, S.16). Besonders die zumeist von Privatpersonen oder NGOs[5] initiierten Stadtwikis aus Deutschland gelten als

---

[3]http://www.stadt-koeln.de/1/stadtfinanzen/buergerhaushalt/
[4]Stand: April 2011, siehe http://www.buergerhaushalt.org/wp-content/uploads/2011/04/Vierter-Statusbericht-Buergerhaushalt.de-April-2011.pdf
[5]Non-Governmental Organization

bereits erfolgreich. Neben Karlsruhe und Hamburg finden sich auch Kassel und Niederbayern unter den besten 10 Stadt- und Regionalwikis weltweit wieder[6].

Der Erfolg von Stadt-Wikis begründet sich allgemein maßgeblich in der Verwendung der Wiki-Technologie und der damit einhergehenden Öffnung für eine breite Maße von Anwendern und macht das in *Web 2.0*-Anwendungen steckende Partizipationspotential deutlich. Bereits existierende Leuchtturm-Projekte auf kommunaler Ebene zeigen, dass Stadt-Wikis nicht nur die regionale Identität verstärken, sondern mit zunehmender Größe auch der öffentlicher Verwaltung Konkurrenz bieten, indem sie beispielsweise eigene Kommunalstatistiken oder Regionalchroniken veröffentlichen, oder an gesellschaftlichem Einfluss gewinnen. Stadt-Wikis machen somit bereits jetzt als Referenzprojekte in Ansätzen deutlich, auf welche Weise Politik und Verwaltung *Web 2.0*-Mechanismen zur Auslagerung von Aufgaben nutzen oder zur Aktivierung von Bürgern verwenden kann.

6.3 Politik 2.0

Angelehnt an den *Web 2.0*-Begriff beschreibt auch *Politik 2.0* eine Art Nachfolgeversion der bekannten *Politik 1.0*, die auf neuen Konzepten und Prinzipien basiert. *Politik 2.0* nutzt dabei explizit Methodiken und Anwendungen des *Web 2.0* mit dem Ziel, Politik durch Partizipation, Kollaboration und Transparenz zu verbessern und durch bürgerliches Engagement neu zu gestalten und verspricht somit eine neue, moderne Verknüpfung von Politik und sozialer Bewegung auf Grundlage von Technik. *Politik 2.0* wird dabei sowohl mit modernem Wahlkampf sowie mit außerparlamentarischem Engagement als auch mit der Entwicklung neuer Formen des Regierens auf Basis neuer Deliberationsüberlegungen in Verbindung gebracht (vgl. Schaller 2010).

Möglich wird diese Entwicklung allein durch das *Web 2.0*. Dieses schafft, in Anlehnung an das antike Athen das als Wiege der Demokratie gilt, die Voraussetzung für die Errichtung eines online Versammlungsplatzes (eine Art virtuelle agora[7]) der es ermöglicht zum Athener Urmodell der Demokratie zurück zukehren und Bürgerinnen und Bürger wieder direkt und nicht über repräsentative Interessenvertreter an tagesaktueller Politik zu beteiligen (vgl. Müller u. Schumann 2011). Durch Online-Konsultationen, -Abstimmungen und -Beteiligungsverfahren haben *Web 2.0*-Anwendungen nicht nur Einfluss auf kleine Teile, sondern auf alle Bereiche von Politik. Augenscheinlich wird dies, wenn im Folgenden mit Obamas-Wahlkampf als Paradebeispiel für *Politik 2.0* und gestärkte Protestbewegungen nicht nur *Aktivismus 2.0* beschrieben sondern auch die allgemeine Neugestaltungen demokratischer Entscheidungsprozesse durch *Deliberation 2.0* untersucht wird. Sowohl *Aktivismus 2.0* also auch *Deliberation 2.0* werden dabei als konkrete Unterformen von *Politik 2.0* verstanden (vgl. Schaller 2010).

---

[6]Stand: April 2011, siehe http://omaha.towncommons.com/Omaha_Commons:Omaha_Wiki_Benchmarks
[7]altgriechisch für Martplatz – galt auch als Zentrum politischer Debatten und Abstimmungen

6.3.1 Aktivismus 2.0

Aktivismus beschreibt zunächst im Allgemeinen ein aktives Verhalten sowie fortschrittliches, zielstrebiges Handeln oder Betätigungsdrang (vgl. Duden 2011, Stichwort: Aktivismus). Im politischen Umfeld entwickelt sich daraus, als politischer Aktivismus, ein oft durch von Spontanität und Kreativität geprägter Drang nach politischen Veränderungen oder zumindest zur Durchsetzung politischer Ziele. Darauf aufbauend und im Kontext von *Politik 2.0* bezeichnet der Begriff *Aktivismus 2.0* einen mit Hilfe des *Web 2.0* organisierten, politischen Aktivismus.

Als erstes Projekt, dass es verstand auf breiter Front Prinzipien und Anwendungen des *Web 2.0* zu nutzen um Bürger zu politischer Teilhabe zu bewegen und sie so zu Aktivisten zu machen, gilt der Wahlkampf von Barack Obama im Jahr 2008. Obama's Kampagnenteam gelang es erfolgreich die Mechanismen des „Mitmach-Webs" auf Basis bekannter sozialer Netzwerke und Video-Plattformen sowie einer eigenen Community-Seite[8] zu nutzen und damit einen Wahlkampf abseits der etablierten Medien und unabhängig von mächtigen Lobbygruppen zu führen und Bürger zu aktivieren. Auf diese Weise gewann die Kampagne nicht nur 13 Millionen Menschen für ihren E-Mail-Verteiler, drei Millionen Menschen als SMS-Abonnementen und drei Millionen Menschen über das Facebook-Netzwerk als „Freunde", sondern konnte ebenfalls drei Millionen Unterstützer zu Online-Spenden bewegen. Wichtiger für den Erfolg Obama's war jedoch der Fakt, dass es durch diese intensive Nutzung von *Web 2.0*-Angeboten gelang, Bürgerinnen und Bürger zu überzeugen, selbst als Unterstützer aktiv zu werden. So wurden online über 442.000 Wahlkampf-Videos durch Bürger publiziert, 400.000 Blog-Einträge geschrieben und auch in der realen Welt 35.000 Freiwilligen-Gruppen gegründet sowie 200.000 Wahlkampf-Veranstaltungen organisiert (vgl. Müller u. Schumann 2011).

Der hier mustergültig eingesetzte Prozess der Selbstverstärkung des *Web 2.0* zeigt deutlich das demokratische, partizipatorische Potential dieser neuen technischen Errungenschaft. Aus politikverdrossenen Bürgern werden so Aktivisten, die durch die eigene Teilhabe, durch das Veröffentlichen eigener Inhalte im Web, andere dazu bewegen es ihnen gleich zu tun.

Weitaus tiefgreifendere Auswirkungen hat *Aktivismus 2.0* in totalitären Staaten, in Staaten in denen keine öffentlichen politischen Foren existieren, wo Oppositionelle, Dissidenten oder Freidenker verfolgt und unterdrückt werden. Vor allem in diesen Staaten, in denen Protestbewegungen sich nicht einfach auf der Straße formieren können, in denen kein Recht auf freie Meinungsäußerung existiert und wo Demonstrationen verboten sind, liefert das Internet als Ganzes den fehlenden Freiraum und bietet konkret das *Web 2.0* die nötigen Strukturen politischen Protest interaktiv zu organisieren.

Besonders die revolutionären Entwicklungen in Tunesien und Ägypten haben dies gezeigt und einen neuen Hype um *Aktivismus 2.0* entfacht. Dabei muss allerdings hervorgehoben werden, dass das *Web 2.0* ansich keine Revolution anzettelt, weshalb Begrifflichkeiten wie der besonders durch Leitmedien geprägte Begriff „Facebook-Revolution"[9] keine wirkliche

---

[8]http://www.mybarackobama.com
[9]Der Begriff „Facebook-Revolution" wurde in Deutschland zum Beispiel durch die Frankfurter Allgemeine Zeitung geprägt, siehe http://www.faz.net/artikel/C32315/staaten-im-umbruch-die-kinder-der-facebook-revolution-30328140.html.

Existenzberechtigung besitzen. Es sind Menschen, die sich auflehnen und protestieren. Technik und somit auch das *Web 2.0* kann lediglich als unterstützendes Medium, sei es für die Verbreitung von Informationen, zur Organisation von Demonstrationen oder zur Erzeugung von Öffentlichkeit, dienen, schließlich sind Kommunikationstools allgemein nur Verstärker, nicht die Auslöser sozialer Interaktion (vgl. Weiss 2011). Auf diese Weise beschränkte sich der Nutzen von *Web 2.0*-Angeboten auch in Tunesien und Ägypten auf die Schaffung einer Gegenöffentlichkeit durch das massenhafte Versenden von Mitteilungen über Twitter, oder das Publizieren von dokumentierenden Videos. Allerdings führte die hohe Verbreitungsgeschwindigkeit innerhalb der Blogs und Social-Communities zu einer ausgedehnten Kommunikation unter den oft lose agierenden Aktivisten und ermöglichte so die Vernetzung der Protestbewegungen.[10]

Das *Web 2.0* als Kommunikationsmittel ist dabei nicht revolutionär. Schon vor seiner Existenz organisierten Menschen dezentral Proteste über andere Medien, wie beispielsweise die auch über Telefonketten organisierten Montagsdemonstration in der DDR gezeigt haben. Dennoch verfügt *Aktivismus 2.0* über einige wesentliche Vorteile, die in gesteigerter Effektivität resultieren. Dazu gehören vordergründig der mögliche Austausch von multimedialen Inhalten und die Erleichterung von kollektivem Handeln.

Dass *Aktivismus 2.0* als verstärkendes Mittel für Protestbewegungen eine Gefahr für autoritäre Staaten darstellt, haben diese bereits selbst erkannt und versuchen wie beispielsweise China durch Zensur oder das Inhaftieren von Online-Aktivisten und Bloggern die Auswirkungen zu begrenzen[11].

6.3.2 Deliberation 2.0

Der Begriff Deliberation[12] steht im Zentrum partizipativer Demokratietheorien[13] und beschreibt allgemein eine Form der demokratischen Entscheidungsfindung, die auf Diskussion und nicht auf Befehlen basiert (vgl. Reese-Schäfer 2001, S.102). Er bedeutet die direkte Einbeziehung von Bürgerinnen und Bürgern in politische Diskurse mit dem Ziel, die Legitimität politischer Entscheidungen durch öffentliche Diskussionen zu festigen, auf diese Weise mehr Teilhabe zu ermöglichen und so die Demokratie zu stärken.

Darauf aufbauend existieren mit *Deliberation 2.0* Überlegungen zur Verwendung von Methodiken und Techniken des *Web 2.0* zur Erreichung dieses deliberativen Leitbildes. Im Gegensatz zu *E-Deliberation* (siehe Kapitel 4.3), bei der es sich eher um die Möglichkeit informeller Bürgerbeteiligung handelt (vgl. Roggenkamp 2010, S.57), hat *Deliberation 2.0*

---

[10] Als besonders lesenswert im Bezug auf „Facebook-Revolution" und gesellschaftliche Veränderungen durch das Internet empfiehlt sich „Die Facebook-Revolution – Gedanken zum Einfluss des Internets auf politische Umbrüche" von Christoph Kappes, siehe http://carta.info/38129/die-facebook-revolution-gedanken-zum-einfluss-des-internets-auf-politische-umbrueche/.

[11] Die *Reporter ohne Grenzen* fassen in ihrer Statistik für das Jahr 2009 zusammen, dass weltweit 151 Blogger und Online-Dissidenten inhaftiert und 60 von ihnen physisch angegriffen wurden. Darüber hinaus sind 60 Staaten von Online-Zensur betroffen, siehe http://en.rsf.org/wars-and-disputed-elections-the-30-12-2009,35522.

[12] lateinisch für Beratung, Überlegung, Abwägung

[13] Die Konzepte deliberativer Demokratie wurden 1980 von Joseph M. Bessette geprägt und unter anderem von Jürgen Habermas aufgegriffen und weiterentwickelt.

dabei nicht zum Ziel, etablierte Entscheidungsformen durch elektronische Kommunikations-
wege zu verbessern, sondern zielt viel mehr darauf ab, das Regieren an sich, im Sinne der
Bürger, zu optimieren und folglich eine Brücke vom reinen *Aktivismus 2.0* hin zu einer neuen
Form des demokratischen Regierens zu schlagen (vgl. Schaller 2010).

Das *Web 2.0* stellt hierbei entscheidende Schlüsseltechnologien und -umgangsweisen bereit. Demnach ermöglicht es die vernetzte Gesellschaft, der es mit Hilfe des *Web 2.0* online
möglich ist interaktiv zu arbeiten, zu kommunizieren und zu diskutieren, erstmals die Umsetzung der historisch gewachsenen Deliberationsgedanken als technisch möglich einzuschätzen.
Die Parallelen zum Open-Government-Ansatz sind unverkennbar.

7 Fazit

Aufgrund der liberalen Prinzipien von Transparenz, Kollaboration und Partizipation, die sich nicht nur durch die Kommentarfunktionen unter Blogs, sondern auch durch das interaktive Generieren von Inhalten (User-Generated-Content) in Wikis oder Social Communities äußern, bildet das *Web 2.0* eine ideale Werkzeugsammlung, um auf der einen Seite die allgemeine Politikverdrossenenheit zu bekämpfen und Bürger zu mehr Teilhabe anzuregen, gleichzeitig auf der anderen Seite allerdings auch neue Partizipationsformen zu entwickeln und zu etablieren. Ansätze wie *E-Government 2.0*, *Politik 2.0* und Open-Government machen dies deutlich und zeigen Wege auf, wie moderne Methoden und Verhaltensweisen des World-Wide-Web (Stichwort: altruistisches Zusammenarbeiten) in Zukunft positiv für die Stärkung demokratischer Systeme genutzt werden können.

Genauso vielseitig wie die Überlegungen zur Steigerung politischer Partizipation durch *Web 2.0* bereits sind, müssen in Zukunft auch die praktischen Anwendungen werden, um erfolgreich neue Partizipationsformen in der Gesellschaft zu verankern. Bereits existierende Exempel wie beispielsweise die Bürgerhaushalte oder Barack Obamas Wahlkampf in 2008 zeigen, dass Elemente dieser theoretischen Ausarbeitungen bereits praktisch erfolgreich umgesetzt werden.

Zusammenfassend kann auf die Aussage des deutschen Medienwissenschaftlers und Publizisten Stefan Münker zurückgegriffen werden, der sich zum Thema demokratische Kommunikationskultur und *Web 2.0* wie folgt äußerte:

„Das Internet ändert die Strukturen unserer Öffentlichkeiten, es ändert die Funktionsweisen politischer und gesellschaftlicher Kommunikationsprozesse, es macht es einzelnen einfacher, sich in politische Debatten einzumischen, es macht institutionelle Grenzen durchlässiger und Entscheidungsprozesse transparenter, es ist anders als die Massenmedien interaktiv und wird so auch genutzt: Das Internet hat das technische Potential für eine demokratische, partizipatorische Mediennutzung (...). Die Art und Weise, wie Nutzer im Web 2.0 interagieren und durch die gemeinsame Partizipation an den neuen digitalen Medien deren Möglichkeiten immer weiter ausdehnen – diese Art und Weise kommt den Vorstellungen, die sich die Denker der Moderne von einer demokratischen Kommunikationskultur gemacht haben, näher als alles, was wir bislang erlebt haben." (Münker 2009, S.53f)

8 Ausblick

Zwar existieren zur Zeit viele Steine, die beispielsweise der erfolgreichen und flächendeckenden Integration von E-Government in die bestehende Struktur von Staat und Verwaltung in den Weg gelegt werden und auch ist die Frage, ob und wie sich die Visionen von Open-Government umsetzen lassen noch nicht geklärt, dennoch zeigen die zu beobachtenden Effekte des *Web 2.0* und die zunehmende Etablierung von web-basierter Kommunikation im Alltag, dass eine verstärkte Entwicklung in Richtung *E-Government 2.0* und *Politik 2.0* unumgänglich ist.

Es ist der Zeitgeist der jungen Generationen, der, geprägt durch den Umgang und die intensiven Nutzung von Social-Communities, Blogs und Wikis sowie dem beinahe unendlichen Partizipationsangebot im WWW, den Umschwung in nicht allzu ferner Zukunft einleiten wird. Das veränderte Kommunikationsverhalten und die enorme Erwartungshaltung, das aus der Privatwirtschaft und dem Internet Kennenengelernte auch in Politik und Verwaltung wiederzufinden, werden eine genaue Prüfung und Analyse der Chancen des *Web 2.0* im Bezug auf ein Mehr an politischer Partizipation sowie das Einrichten neuer, deliberativer Formen der Teilhabe nötig machen. Ein weiter sinkendes Interesse an politischen Themen und eine steigende Unzufriedenheit wären ansonsten wahrscheinlich die Folgen.

Natürlich sind die *Web 2.0*-Konzepte, die Integration dieser in E-Government-Vorhaben oder die Deliberationsvisionen keine Allheilsbringer für die Politik. Es bedarf natürlich genauer Überprüfungen, insbesondere auf die Durchsetzbarkeit unter Berücksichtigung der Rechtsstaatlichkeit, bestehender Rechte und Gesetze, um die Interessen der Bürgerinnen und Bürger sowie des Staates zu wahren. Dies sollte allerdings zügig in Angriff genommen und vor allem transparent, kollaborativ und unter Einbeziehung der Öffentlichkeit durchgeführt werden.

Einzelne Leuchtturmprojekte der Bundesregierung und der Länder haben bereits positive Resultate hervorgebracht und gezeigt, dass ein Mehr an Nachvollziehbarkeit aber auch an Teilhabe erwünscht ist und in Zukunft noch intensiver gefördert und genutzt werden muss.

Literaturverzeichnis

Arps 2009
ARPS, Arne: *Zum Phänomen der Politikverdrossenheit und dessen Interpretation in der Perspektive des politischen Denkens Siegfried Landshuts.* GRIN Verlag, 2009

Crystal 2006
CRYSTAL, David: *Language and the Inernet.* Cambridge University Press, 2006

Franzke u. Kleger 2010
FRANZKE, Jochen ; KLEGER, Heinz: Bürgerhaushalte: Chancen und Grenzen. In: *Modernisierung des öffentlichen Sektors* (2010), Nr. 36

Friedman 2008
FRIEDMAN, Vitaly: *Praxisbuch Web 2.0.* Galileo Computing, 2008

Göbbels 2009
GÖBBELS, Michael: *Placeblogs und Stadtwikis als Ausdruck regionaler Identität im Web 2.0: Eine Autoren- und Nutzerbefragung zu Webprojekten mit Ortsbezug.* GRIN Verlag, 2009

Gronau u. a. 2009
GRONAU, Norbert ; BACK, Andrea ; TOCHTERMANN, Klaus: *Web 2.0 in der Unternehmenspraxis: Grundlagen, Fallstudien und Trends zum Einsatz von Social Software.* Oldenbourg Wissenschaftsverlag, 2009

Gusy u. Haupt 2005
GUSY, Christoph ; HAUPT, Heinz-Gerhard: *Inklusion und Partizipation: Politische Kommunikation im historischen Wandel (Historische Politikforschung).* Campus Verlag, 2005

Kurz u. Rieger 2011
KURZ, Constanze ; RIEGER, Frank: *Die Datenfresser – Wie Internetfirmen und Staat sich unsere persönlichen Daten einverleiben und wie wir die Kontrolle darüber zurück erlangen.* S.Fischer Verlag, 2011

von Lucke 2011
LUCKE, Jörn von: Bürgerkoproduktion. In: *E-Government und die Erneuerung des öffentlichen Sektors* (2011), Nr. 11, S. 277–295

Münker 2009
MÜNKER, Stefan: *Emergenz digitaler Öffentlichkeiten: Die Sozialen Medien im Web 2.0.* Suhrkamp Verlag, 2009

Reese-Schäfer 2001
REESE-SCHÄFER, Walter: *Jürgen Habermas.* Campus Verlag, 2001

Roggenkamp 2010

ROGGENKAMP, Dr. Jan D.: *Web 2.0 Plattformen im kommunalen E-Government – Telos, Beschaffung, Modellierung, Betrieb und Wettbewerb.* Richard Boorberg, 2010

Schubert u. Klein 2006

SCHUBERT, Klaus ; KLEIN, Martina: *Das Politiklexikon, 4., aktual. Auflage.* Dietz, 2006

Segaran 2008

SEGARAN, Toby: *Kollektive Intelligenz: analysieren, programmieren und nutzen.* O'Reilly, 2008

Web-Quellenverzeichnis

Büffel 2006

BÜFFEL, Steffen: *Der Weblogmillionär – leider nur fast.* Version: April 2006. http://www.media-ocean.de/2006/04/04/der-weblogmillionaer-leider-nur-fast/, Abruf: 12. Juli 2011

Buchecker 2003

BUCHECKER, Dr. M.: *Partizipation in Theorie und Praxis.* Version: Januar 2003. http://www.wsl.ch/teaching/marcel.hunziker/presentation/Partizipation_%20(1)_21.1.03.pdf, Abruf: 11. Juni 2011. Als Foliensammlung veröffentlicht.

Bundeswahlleiter 2009

BUNDESWAHLLEITER, Der: *Endgültiges Ergebnis der Bundestagswahl 2009.* Version: 2009. http://www.bundeswahlleiter.de/de/bundestagswahlen/BTW_BUND_09/ergebnisse/bundesergebnisse/index.html, Abruf: 16. Juli 2011

Duden 2011

DUDEN, Bibliographisches I.: *Duden online.* Version: 2011. http://www.duden.de, Abruf: 20. Juli 2011. Als Online-Eintrag veröffentlicht.

Frankenberger 2010

FRANKENBERGER, Klaus-Dieter ; FAZ (Hrsg.): *Politikverdrossenheit – Vertrauensschwund.* Version: Oktober 2010. http://www.faz.net/artikel/C30089/politikverdrossenheit-vertrauensschwund-30310283.html, Abruf: 05. Juni 2011

Gronau 2011

GRONAU, Norbert: *Grundlagen der Verwaltungsmodernisierung und des Electronic Government.* Version: 2011. http://wi.uni-potsdam.de/homepage/potsdam.nsf/0/88934d0ca9c8fb13c125786a002db397/$FILE/Grundlagen.pdf, Abruf: 16. Juli 2011. Als Foliensammlung veröffentlicht.

Bundesministerium des Innern 2006

INNERN, BMI Bundesministerium d.: *BundOnline 2005 – Abschlussbericht, Status und Ausblick.* Version: Februar 2006. http://www.cio.bund.de/SharedDocs/Publikationen/DE/E-Government/abschlussbericht_bundonline_2005_download.pdf?__blob=publicationFile, Abruf: 18. Juli 2011. Als Online-Paper (.pdf) veröffentlicht.

Bundesministerium des Innern 2011

INNERN, BMI Bundesministerium d.: *E-Government 2.0 Portfolio.* Version: 2011. http://www.cio.bund.de/DE/E-Government/E-Government-Programm/Portfolio/portfolio_node.html, Abruf: 18. Juli 2011

Kaczorowski u. a. 2008
KACZOROWSKI, Willi ; DOMSCHEIT, Anke ; LANGKABEL, Thomas ; MARTIN, Dr. M. ; MORITZ, Rolf ; ARENDT, Dirk ; MENTZINIS, Dr. P. (Hrsg.): *Government 2.0 – Web 2.0 für die öffentliche Verwaltung - Grundzüge, Chancen, Beispiele und Handlungsvorschläge.* Version: 2008. http://www.bitkom.org/files/documents/E-Government_Web_2_0_fuer_die_oeffentliche_Verwaltung.pdf, Abruf: 19. Juni 2011. Als Online-Paper (.pdf) veröffentlicht.

Kiellisch 2010
KIELLISCH, Tanja: *Sender-Empfänger-Modell – Dialog statt Monolog: Social Media Newsroom.* Version: März 2010. http://koeln-bonn.business-on.de/social-media-empfaenger-sender-internet-kommunikation-_id25291.html, Abruf: 12. Juli 2011

Krüger 2010
KRÜGER, Thomas ; BILDUNG, Bundeszentrale für p. (Hrsg.): *Politische Bildung 2.0 - Neue gesellschaftliche Beteiligungsformen durch neue Medien - Herausforderungen für die Institutionen.* Version: September 2010. http://www.bpb.de/presse/NYZ86W, 0,0,Politische_Bildung_2_0_Neue_gesellschaftliche_Beteiligungsformen_durch_neue_Medien_Herausforderungen_f%FCr_die_Institutionen.html, Abruf: 27. Juli 2011. Rede als Text veröffentlicht.

Lischka 2007
LISCHKA, Konrad ; ONLINE, Spiegel (Hrsg.): *Streit im Web-Lexikon – Wikipedia-Gründer darf nicht mitschreiben.* Version: September 2007. http://www.spiegel.de/netzwelt/web/0,1518,508726,00.html, Abruf: 13. Juli 2011

Müller u. Schumann 2011
MÜLLER, Ragnar ; SCHUMANN, Wolfgang: *Online-Lehrbuch Web 2.0 – Politik 2.0.* Version: April 2011. http://www.dadalos-d.org/web20/politik_20.htm, Abruf: 20. Juli 2011. Als Online-Lehrbuch veröffentlicht.

Netzpolitik.org 2009
NETZPOLITIK.ORG, newthinking communications G.: *Zukunft der Demokratie – Die Empörungsgesellschaft.* Version: April 2009. http://netzpolitik.org/wp-upload/kurzstudie-politik-im-web-2-auflage4.pdf, Abruf: 18. Juli 2011. Als Online-Paper (.pdf) veröffentlicht.

O'Reilly 2005
O'REILLY, Tim: *What Is Web 2.0 – Design Patterns and Business Models for the Next Generation of Software.* Version: September 2005. http://oreilly.com/web2/archive/what-is-web-20.html, Abruf: 13. Juni 2011

Schaller 2010
SCHALLER, Konstantin: *Politik 2.0: Zwischen Aktivismus und Deliberation.* Version: Juni 2010. http://politische-bildung-web20.blogspot.com/2010/06/politik-20-zwischen-aktivismus-und.html, Abruf: 20. Juli 2011. Als Blog-Eintrag veröffentlicht.

Schmidt 2010

SCHMIDT, Franziska ; BRUCK, Jan (Hrsg.): *Online organisieren - Offline protestieren.* Version: Oktober 2010. http://www.dw-world.de/dw/article/0,,6127527,00.html, Abruf: 15. Juli 2011

Tippmann

TIPPMANN, Uwe: *Was ist ein Trackback?* http://www.trackbacks.de/ was-ist-trackback.htm, Abruf: 12. Juli 2011

Walter u. Lühmann 2010

WALTER, Franz ; LÜHMANN, Michael ; ONLINE, Zeit (Hrsg.): *Zukunft der Demokratie - Die Empörungsgesellschaft.* Version: März 2010. http://www.zeit.de/politik/ deutschland/2010-03/empoerung-gesellschaft-demokratie-populismus/, Abruf: 16. Juli 2011

Weiss 2011

WEISS, Marcel: *Kommunikation und Organisation: Facebook, Twitter und Ägypten.* Version: Februar 2011. http://www.neunetz.com/2011/02/01/ kommunikation-und-organisation-facebook-twitter-und-aegypten/, Abruf: 20. Juli 2011. Als Blog-Eintrag veröffentlicht.

Winn 2009

WINN, Phillip: *State of the Blogosphere: Introduction.* Version: August 2009. http:// technorati.com/blogging/article/state-of-the-blogosphere-introduction/, Abruf: 12. Juli 2011

Glossar

Kürzel	Beschreibung	
BITKOM	Bundesverband Informationswirtschaft, Telekommunikation und neue Medien e.V.	8
CMS	Content Management System	11
FDP	Freie Demokratische Partei	15
NGO	Non-Governmental Organization	23
RSS	Really Simple Syndication	10
WWW	World Wide Web	10